# 알고 쓰면 재미있는
# 어린이 사자성어

## 알고 쓰면 재미있는
## 어린이 사자성어

**2023년 3월 3일 초판 1쇄 발행**

글쓴이  박일귀
그린이  김현후
펴낸이  박하연
펴낸곳  맛있는책
편  집  김혜영
디자인  시선크리에이티브 윤임식

출판등록  제2018-000012호
주    소  경기도 구리시 갈매중앙로 25
전    화  031-529-5057
F A X    031-529-5058
이 메 일  d_books@naver.com

ⓒ맛있는책, 2023 Printed in Korea

ISBN 979-11-91412-05-5(73810)

이 책의 모든 내용은 저작권법에 의해
한국 내에서 보호를 받는 저작물이므로
무단 전재 및 복제를 금합니다.

# 머리말

'사자성어'라는 말을 들으면 어떤 생각이 드나요?
'사자성어는 너무 어려워! 나는 한자도 잘 모르는데…'
맞아요. 사자성어는 학교 공부뿐만 아니라 일상생활에서도 자주 사용하는 중요한 어휘예요. 그런데 한자로 되어 있어서 무슨 뜻인지 바로 알기 힘들어요. 하지만 한 글자 한 글자 차근차근 배워 나가고 사자성어에 얽힌 숨은 이야기를 듣다 보면 어느새 '아, 이런 뜻이었구나!' 하고 깨닫는 순간이 올 거예요!
사실 사자성어는 저 멀리 외계 행성에서 온 이해하기 힘든 말이 아니에요. 우리 옛 선조들이 하루하루 살아가면서 얻게 된 지혜를 4개의 글자로 표현한 것뿐이랍니다.
고진감래! 무슨 말인지 잘 모르겠죠? 괜찮아요! 한자로 苦(쓸 고) 盡(다할 진) 甘(달 감) 來(올 래)예요. '쓴 것이 다 하면 단 것이 온다'라는 뜻이에요. 힘들고 고통스러운 시간이 지나면 언젠가 기쁘고 행복한 시간이 온다는 말이지요. 우리도 어려운 사자성어를 공부하느라 힘든 시간을 보내지만 언젠가 새로운 것을 알아가는 재미와 즐거움을 느끼는 시간이 올 거예요.
이 책의 드라큘라, 미라, 도깨비, 구미호, 처녀귀신이 등장하는 만화를 통해 사자성어를 쉽고 재미있게 배울 수 있어요. 신나게 만화를 읽다 보면 어느새 사자성어가 쉽고 친숙하게 느껴질 거예요. 어쩌면 친구랑 이야기하다가 자기도 모르게 사자성어가 입에서 툭 튀어나올지도 모르고요. 여러분이 이 책을 읽고 조금이라도 더 사자성어에 관심을 가질 수 있다면 좋겠습니다.
마지막으로 이 책을 만드는 데 수고하신 모든 분께 감사 인사드립니다. 감사합니다. 행복하세요!

저자 박일귀

# 등장인물

### 드라큘라
똘똘하고 아는 게 많은 '척척박사'예요.
가끔 잘난 체를 해 친구들에게 구박을 받아요.

### 미라

착하고 따뜻한 마음을 가졌어요.
먹는 걸 무지 좋아하는 '먹보'예요.

### 도깨비
노는 게 제일 좋은 '장난꾸러기'예요.
위기 상황에서는 꾀를 잘 부리는 '꾀돌이'이기도 해요.

### 구미호

학교에서 자기가 제일 예쁘다고 생각해요.
여우 짓을 많이 하지만 그래도 밉지는 않아요.

### 처녀귀신
차가운 표정에 감정을 알 수 없는 '포커페이스'를 하고 있지만,
내심 주변을 잘 챙기는 따뜻한 친구예요.

### 댕댕이

귀염둥이 막내예요.
귀신 친구들을 전혀 무서워하지 않고 항상 잘 따라요.

# 차례

## ㄱ
- 01 각골난망 - 10
- 02 각주구검 - 12
- 03 감언이설 - 14
- 04 갑론을박 - 16
- 05 개과천선 - 18
- 06 견물생심 - 20
- 07 결자해지 - 22
- 08 결초보은 - 24
- 09 경거망동 - 26
- 10 고진감래 - 28
- 11 과유불급 - 30
- 12 관포지교 - 32
- 13 괄목상대 - 34
- 14 군계일학 - 36
- 15 권선징악 - 38
- 16 금상첨화 - 40
- 17 금시초문 - 42
- 18 기고만장 - 44

## ㄴ
- 19 난공불락 - 46
- 20 낭중지추 - 48
- 21 노심초사 - 50

## ㄷ
- 22 다다익선 - 52
- 23 다재다능 - 54
- 24 대기만성 - 56
- 25 도원결의 - 58
- 26 동고동락 - 60
- 27 동문서답 - 62
- 28 동병상련 - 64
- 29 동상이몽 - 66

## ㅁ
- 30 마이동풍 - 68
- 31 막상막하 - 70
- 32 맹모삼천 - 72
- 33 명실상부 - 74
- 34 문전성시 - 76

## ㅂ
- 35 박장대소 - 78
- 36 반포지효 - 80
- 37 백발백중 - 82
- 38 부화뇌동 - 84
- 39 분골쇄신 - 86

## ㅅ

40 사리사욕 - 88
41 사면초가 - 90
42 사상누각 - 92
43 사생결단 - 94
44 사필귀정 - 96
45 살신성인 - 98
46 삼고초려 - 100
47 상전벽해 - 102
48 새옹지마 - 104
49 선견지명 - 106
50 설상가상 - 108
51 소탐대실 - 110
52 속수무책 - 112
53 수수방관 - 114
54 순망치한 - 116
55 시기상조 - 118
56 심사숙고 - 120
57 십시일반 - 122

## ㅇ

58 아전인수 - 124
59 안하무인 - 126
60 어부지리 - 128
61 언중유골 - 130
62 역지사지 - 132
63 오리무중 - 134
64 오매불망 - 136
65 온고지신 - 138
66 외유내강 - 140
67 용두사미 - 142
68 우공이산 - 144
69 우유부단 - 146
70 유비무환 - 148
71 이심전심 - 150
72 인과응보 - 152
73 일거양득 - 154
74 임기응변 - 156
75 임전무퇴 - 158

## ㅈ

76 작심삼일 - 160
77 적반하장 - 162
78 전화위복 - 164
79 조삼모사 - 166
80 주객전도 - 168
81 죽마고우 - 170
82 지피지기 - 172

## ㅊ

83 천고마비 - 174

## ㅌ

84 타산지석 - 176
85 토사구팽 - 178

## ㅍ

86 파죽지세 - 180
87 풍전등화 - 182

## ㅎ

88 함흥차사 - 184
89 형설지공 - 186
90 화룡점정 - 188

# 01

## 각 골 난 망
## 刻 骨 難 忘
새길 **각** / 뼈 **골** / 어려울 **난** / 잊을 **망**

### 무슨 뜻일까요?

다른 사람이 베풀어 준 은혜가 뼈에 깊이 새겨질 만큼 잊을 수 없다는 뜻이에요.
누군가에게 도움을 받았다면 고마운 마음을 갖고, 나도 다른 사람이 힘들 때 도와줄 수 있어야 해요.

### 비슷한 말

**백골난망(白骨難忘)** 죽어서 하얀 뼈만 남을 때까지도 은혜를 잊지 않는다는 뜻이에요.

**결초보은(結草報恩)** 풀을 묶어서 은혜를 갚는다는 뜻이에요.

### 반대말

**배은망덕(背恩忘德)** 은혜를 배신하고 베풀어 준 덕을 잊어버린다는 말이에요.

## 02

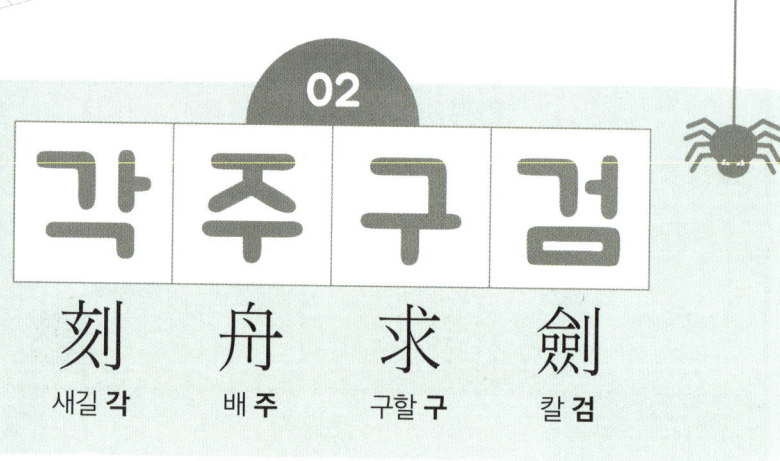

| 각 | 주 | 구 | 검 |
| --- | --- | --- | --- |
| 刻 | 舟 | 求 | 劍 |
| 새길 **각** | 배 **주** | 구할 **구** | 칼 **검** |

 **무슨 뜻일까요?**

칼을 강물에 빠트리자 배에 그 자리를 표시해 놓고 나중에 그 칼을 찾으려 한다는 뜻이에요. 배는 계속 움직이는데 배에 표시한다고 칼이 빠진 위치를 알 수 있을까요? 융통성 없이 어리석은 생각을 가리키는 말이에요.

 **비슷한 말**

**수주대토(守株待兎)** 그루터기를 지키며 토끼를 기다린다는 뜻으로, 낡은 습관에 매여 세상의 변화에 제대로 대응하지 못한다는 말이에요.

# 감언이설
## 甘言利說
달 감　말씀 언　이로울 이　말씀 설

### 무슨 뜻일까요?

남을 속이기 위해 하는 달콤한 말과 이로운 말을 뜻해요. 상대방의 마음을 얻기 위해 일부러 그 사람이 듣기 좋은 말을 할 때가 있어요. 하지만 다른 사람의 비위를 맞추기보다 진심으로 다가간다면 상대방도 그 마음을 알아줄 거예요.

### 비슷한 말

**교언영색(巧言令色)**　상대방의 환심을 사기 위해 교묘히 꾸미는 말과 아첨하는 얼굴빛을 뜻해요.

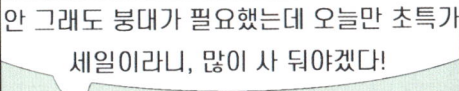

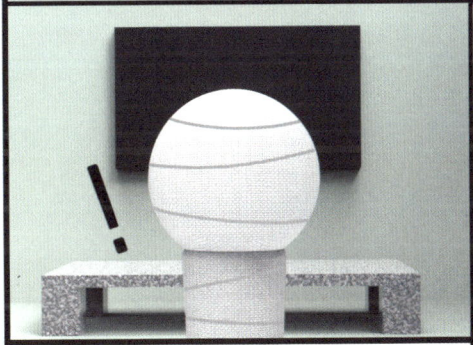

# 갑론을박

甲 論 乙 駁
첫째 **갑**　논할 **론**　둘째 **을**　논박할 **박**

## 무슨 뜻일까요?

갑이 주장하고 을이 반박한다는 뜻이에요. 여러 사람이 모여 서로 자신의 주장을 내세우고 남의 의견은 반박하는 상황을 가리켜요. 자신의 뜻을 주장하는 것도 좋지만 문제를 해결하기 위해 서로의 의견을 모으는 지혜도 필요하겠죠?

## 비슷한 말

**설왕설래(說往說來)** 　말이 가고 말이 온다는 뜻으로, 의견이 모아지지 않고 옥신각신하는 하는 모습을 말해요.

**왈가왈부(曰可曰否)** 　누구는 맞다 하고 누구는 틀리다 한다는 뜻으로, 결론이 나지 않은 채 이러쿵저러쿵하는 상황을 가리켜요.

## 05

# 개 과 천 선
## 改 過 遷 善
고칠 **개**  　잘못 **과**  　옮길 **천**  　착할 **선**

### 무슨 뜻일까요?

지난날의 잘못을 뉘우치고 착한 사람이 된다는 뜻이에요. 누구나 잘못을 저지를 수 있지만, 잘못을 알고도 고치지 않는 것이 더 큰 잘못이에요. 쉽지 않겠지만 자신의 허물을 인정하고 반성한다면 새로운 사람으로 거듭날 수 있어요.

### 비슷한 말

환골탈태(換骨奪胎)　뼈를 바꾸고 태를 벗는다는 뜻으로, 몸과 얼굴이 몰라보게 좋아진다는 말이에요.

# 06 견물생심

見 物 生 心
볼 견　물건 물　날 생　마음 심

 **무슨 뜻일까요?**

물건을 보면 가지고 싶은 마음이 생긴다는 뜻이에요. 좋은 물건이 눈앞에 있으면 대부분의 사람들은 그것을 가지고 싶은 욕심이 생겨요. 하지만 자신에게 꼭 필요한 물건이 아니라면, 욕심을 내려놓을 줄도 알아야겠죠?

 **비슷한 말**

**과유불급(過猶不及)** 지나친 것이 오히려 모자란 것보다 못하다는 뜻으로, 욕심이 지나치면 화가 된다는 말이에요.

## 결자해지

結 者 解 之
맺을 결  사람 자  풀 해  갈 지

### 무슨 뜻일까요?

매듭을 묶은 사람이 그것을 풀어야 한다는 뜻이에요. 문제를 일으킨 사람이 그 문제를 해결해야 한다는 말이지요. 자신이 시작한 일이라면 남에게 떠넘기지 말고 끝까지 책임질 줄 알아야 해요.

### 비슷한 말

**인과응보(因果應報)** 좋은 일에는 좋은 결과가 따르고 나쁜 일에는 나쁜 결과가 따른다는 뜻으로, 자신이 벌인 일에 마땅한 대가를 받게 된다는 말이에요.

## 08 결초보은

結 草 報 恩
맺을 **결** 풀 **초** 갚을 **보** 은혜 **은**

### 무슨 뜻일까요?

풀을 묶어 은혜를 갚는다는 뜻으로, 죽어서도 은혜를 잊지 않고 보답한다는 말이에요. 누군가가 고마운 일을 베풀었다면 끝까지 잊지 않고 감사하는 마음을 가져야 해요.

### 비슷한 말

각골난망(**刻骨難忘**) 다른 사람에게 받은 은혜가 뼈에 깊이 새겨질 만큼 커서 잊을 수 없다는 뜻이에요.

## 09

# 경거망동

輕 擧 妄 動
가벼울 경  들 거  망령될 망  움직일 동

### 무슨 뜻일까요?

가볍게 움직이고 망령되게 행동한다는 뜻으로, 앞뒤 상황을 깊이 생각하지 않고 말이나 행동에 주의하지 않는 것을 말해요. 그러면 누군가에게 피해를 줄 수 있으니 조심해야겠죠?

### 비슷한 말

**안하무인(眼下無人)** 눈 아래 사람이 없다는 뜻으로, 다른 사람을 무시하고 건방지게 행동하는 것을 말해요.

## 10 고진감래

苦 盡 甘 來
쓸 고 / 다할 진 / 달 감 / 올 래

 **무슨 뜻일까요?**

쓴 것이 다 하면 단 것이 온다는 뜻으로, 힘들고 고통스러운 일이 지나가면 즐겁고 행복한 일이 온다는 말이에요. 어떤 일을 할 때, 당장은 힘이 들어도 즐거운 날이 올 것을 기다리면 힘이 날 거예요.

 **반대말**

**흥진비래(興盡悲來)** 즐거운 일이 지나가면 슬픈 일이 온다는 뜻으로, 좋은 일과 나쁜 일이 차례로 일어난다는 말이에요.

## 과 유 불 급

過 猶 不 及

지나칠 **과**　오히려 **유**　아닐 **불**　미칠 **급**

  무슨 뜻일까요?

정도가 지나친 것은 오히려 부족한 것보다 못하다는 뜻이에요. 무슨 일이든 지나치면 오히려 좋지 않을 수 있으니 욕심을 너무 부려서는 안 되겠죠?

  반대말

다다익선(多多益善)　많으면 많을수록 더 좋다는 뜻이에요.

# 12 관포지교

管 鮑 之 交
피리 **관**　절인 물고기 **포**　어조사 **지**　사귈 **교**

### 무슨 뜻일까요?

관중과 포숙의 사귐이라는 뜻으로, 우정이 아주 깊은 친구 관계를 이르는 말이에요. 관중과 포숙은 옛날 중국 제나라에 살던 두 친구로, 우정이 아주 두터웠다고 해요. 여러분도 깊은 우정을 나누는 친구가 있나요?

### 비슷한 말

수어지교(水魚之交)　물과 물고기처럼 떨어질 수 없을 정도로 가까운 친구 사이를 뜻해요.

죽마고우(竹馬故友)　대나무말을 타고 함께 놀던 친구라는 뜻으로, 어릴 때부터 가깝게 지내며 자란 친구를 말해요.

## 13

# 괄 목 상 대
# 刮 目 相 對
비빌 **괄**　　눈 **목**　　서로 **상**　　대할 **대**

### 무슨 뜻일까요?

눈을 비비고 상대방을 다시 본다는 뜻으로, 오랜만에 본 사람의 실력이나 재주가 몰라볼 정도로 크게 발전했을 때 쓰는 말이에요.

### 비슷한 말

**일취월장(日就月將)**　　날이 가고 달이 갈수록 크게 발전한다는 뜻이에요.

## 14 군계일학

群 鷄 一 鶴
무리 군 · 닭 계 · 한 일 · 학 학

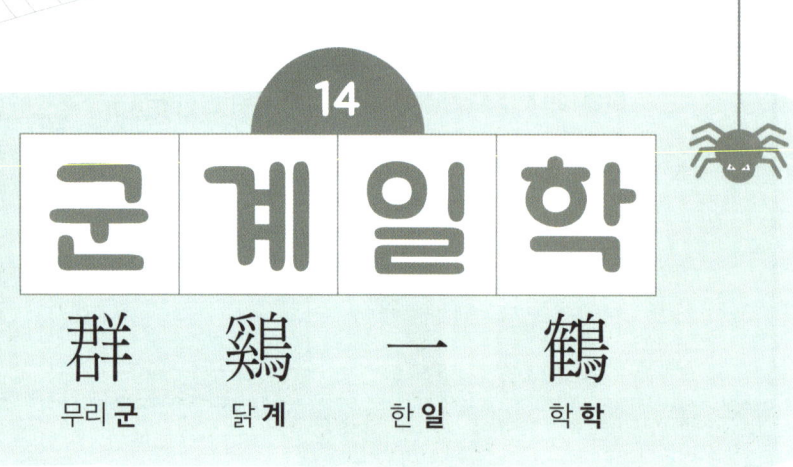

 **무슨 뜻일까요?**

닭의 무리 중에 한 마리 학이라는 뜻으로, 많은 평범한 사람 가운데 가장 뛰어나고 돋보이는 한 사람을 가리킬 때 쓰는 말이에요.

 **비슷한 말**

낭중지추(囊中之錐)　주머니 속의 송곳이라는 뜻으로, 재능이 뛰어난 사람은 언젠가 주목을 받는다는 말이에요.

# 15

## 권선징악

勸 善 懲 惡
권할 권  착할 선  징계할 징  악할 악

### 무슨 뜻일까요?

착한 일은 권장하고 악한 일은 나무란다는 뜻이에요. 착하고 좋은 일은 서로 알리고 칭찬하고, 옳지 않은 일은 하지 못하도록 서로 조심하고 주의해야겠죠?

### 비슷한 말

**사필귀정(事必歸正)** 모든 일은 반드시 이치대로 돌아간다는 뜻이에요.

## 16 금상첨화

錦 上 添 花
비단 금 / 윗 상 / 더할 첨 / 꽃 화

### 무슨 뜻일까요?

비단 위에 꽃을 더한다는 뜻으로, 좋은 일에 또 좋은 일이 더해진다는 말이에요. 고운 비단 위에 예쁜 꽃이 놓이는 것처럼 여러분에게도 행복하고 즐거운 일이 많이 생기면 좋겠어요.

### 반대말

설상가상(雪上加霜)  눈 위에 서리가 덮인다는 뜻으로, 좋지 않은 일이 연달아 일어난다는 말이에요.

# 금시초문
今 時 初 聞
이제 금  때 시  처음 초  들을 문

### 무슨 뜻일까요?

이제 막 처음 듣는다는 뜻으로, 이전까지는 전혀 들은 적이 없던 소식을 처음 들었을 때 사용하는 표현이에요.

### 비슷한 말

**전대미문(前代未聞)** 지난 시대에는 들어 본 적이 없는 아주 놀랍거나 새로운 일을 뜻해요.

## 18 기고만장

氣 高 萬 丈
기운 기 / 높을 고 / 일만 만 / 길이 장

### 무슨 뜻일까요?

기운이 만 길 높이만큼 치솟는다는 뜻으로, 일이 자기 뜻대로 잘되어 우쭐하며 으스대는 모습을 가리켜요. 스스로를 너무 뽐내기보다는 겸손한 태도를 갖고 모든 일에 감사할 줄 알아야 해요.

### 비슷한 말

**오만방자(傲慢放恣)** 남을 업신여기고 교만한 태도로 제멋대로 행동하는 것을 뜻해요.

# 난공불락

難 攻 不 落
어려울 난　공격할 공　아닐 불　떨어질 락

 **무슨 뜻일까요?**

공격하기 어려워 쉽게 함락되지 않는다는 뜻이에요. 옛날에 전투에서 군대가 싸울 때 적의 성이나 요새를 무너뜨리기 힘든 상태를 의미했어요.

 **비슷한 말**

**금성철벽(金城鐵壁)** 쇠로 만든 성과 철로 만든 벽이라는 뜻으로, 매우 견고해 공격하기 어려운 성을 말해요.

## 20 낭중지추

囊 中 之 錐
주머니 **낭**  가운데 **중**  어조사 **지**  송곳 **추**

### 무슨 뜻일까요?

주머니 속의 송곳이라는 뜻이에요. 뾰족한 송곳은 가만히 있어도 옷을 뚫고 나오는 것처럼 뛰어난 실력을 가진 사람은 눈에 띄게 된다는 것을 비유하는 말이에요.

### 반대말

**허장성세(虛張聲勢)**   헛되게 목소리만 크게 낸다는 뜻으로, 실력이 없으면서 허세만 부리는 것을 말해요.

## 노심초사

勞 心 焦 思

힘쓸 **노**    마음 **심**    그을릴 **초**    생각 **사**

### 무슨 뜻일까요?

몹시 마음을 쓰고 생각이 많아 속을 태운다는 뜻으로, 안 좋은 일을 크게 걱정하고 불안해하는 마음을 나타내는 말이에요.

### 비슷한 말

전전긍긍(戰戰兢兢)   두려워 벌벌 떨며 조심한다는 뜻이에요.
좌불안석(坐不安席)   앉아 있어도 자리가 편하지 않다는 뜻이에요.

### 반대말

천하태평(天下泰平)   걱정 없이 편안하게 있는 태도를 뜻해요.
여유만만(餘裕滿滿)   마음의 여유가 가득하다는 뜻이에요.

## 22
# 다 다 익 선

多 多 益 善
많을 다  많을 다  더할 익  좋을 선

### 무슨 뜻일까요?

많으면 많을수록 더 좋다는 뜻으로, 중국 한나라의 장수 한신이 거느리는 군사가 많으면 많을수록 더 잘 지휘할 수 있다고 말한 데서 유래했어요.

### 반대말

**과유불급(過猶不及)** 지나친 것이 오히려 모자란 것보다 못하다는 뜻으로, 욕심이 지나치면 화가 된다는 말이에요.

## 다 재 다 능
多 才 多 能
많을 **다**  재주 **재**  많을 **다**  능할 **능**

### 무슨 뜻일까요?

재주가 많고 능력도 뛰어난 사람을 가리키는 말이에요.
뛰어난 재주와 능력을 꼭 필요한 곳에 쓴다면 더할 나위 없이 좋겠죠?

### 비슷한 말

팔방미인(八方美人)  여러 방면에서 뛰어난 사람을 뜻해요.
박학다식(博學多識)  널리 배우고 많이 안다는 뜻이에요.

# 24 대기만성

大 器 晩 成
큰 대　그릇 기　늦을 만　이룰 성

## 무슨 뜻일까요?

큰 그릇은 만들어지는 데 시간이 오래 걸린다는 뜻이에요. 크고 좋은 그릇을 만드는 데 오랜 정성이 필요하듯이, 크게 성공하려면 많은 노력과 시간이 필요하다는 말이에요.

## 비슷한 말

시종일관(始終一貫)　처음부터 끝까지 변함이 없다는 뜻이에요.

## 반대말

용두사미(龍頭蛇尾)　용의 머리와 뱀의 꼬리라는 뜻으로, 시작은 좋은데 끝이 좋지 않다는 말이에요.

## 25. 도원결의

桃 園 結 義
복숭아 도 / 동산 원 / 맺을 결 / 옳을 의

### 무슨 뜻일까요?

마음이 맞는 사람끼리 같은 목적을 이루기 위해 함께하자고 약속하는 것을 뜻해요. 삼국지의 유비, 관우, 장비가 복숭아나무 밭에서 의형제를 맺은 이야기에서 비롯된 말이에요.

### 비슷한 말

**결의형제(結義兄弟)** 서로 남이지만 의리로 형제가 되는 것을 뜻해요.

# 동고동락

| 同 | 苦 | 同 | 樂 |
|---|---|---|---|
| 같을 **동** | 괴로울 **고** | 같을 **동** | 즐거울 **락** |

 ### 무슨 뜻일까요?

함께 괴로워하고 함께 즐거워한다는 뜻으로, 오랫동안 슬픈 일이나 기쁜 일을 함께 겪은 사이를 가리켜요. 항상 붙어 다니는 친한 친구 사이에서 쓸 수 있는 표현이에요.

 ### 반대말

**각자도생(各自圖生)**  제각기 스스로 살아갈 방법을 찾는다는 뜻이에요.

## 27

# 동문서답

東 問 西 答
동녘 **동** 물을 **문** 서녘 **서** 답할 **답**

 ### 무슨 뜻일까요?

동쪽을 물었는데 서쪽을 대답한다는 뜻으로, 묻는 말과 상관없이 엉뚱한 대답을 하는 것을 가리켜요. 질문을 제대로 이해하지 못하거나 일부러 답을 피하는 경우 이런 대답이 나오겠죠?

 ### 비슷한 말

**마이동풍(馬耳東風)** 남의 말을 귀담아 듣지 않고 흘려버린다는 뜻이에요.
**횡설수설(橫說竪說)** 조리 없이 아무렇게나 말하는 것을 뜻해요.

 ### 반대말

**우문현답(愚問賢答)** 어리석은 질문에 현명하게 대답하는 것을 뜻해요.

## 28. 동병상련

同 病 相 憐
같을 **동**  병 **병**  서로 **상**  불쌍히 여길 **련**

### 무슨 뜻일까요?

같은 병을 가진 사람끼리 불쌍히 여긴다는 뜻으로, 어려운 처지에 있는 사람들이 서로 가엾게 여기며 돕는 것을 말해요.

### 비슷한 말

유유상종(類類相從) 비슷한 사람들끼리 어울린다는 뜻이에요.

### 반대말

동상이몽(同床異夢) 겉으로는 같은 생각을 하는 것처럼 보이지만, 속으로는 다른 생각을 하는 것을 뜻해요.

# 29

## 동상이몽
### 同床異夢
같을 **동**    침상 **상**    다를 **이**    꿈 **몽**

### 무슨 뜻일까요?

같은 잠자리에서 다른 꿈을 꾼다는 뜻으로, 겉으로는 같은 행동을 하는 것처럼 보이지만 속으로는 서로 다른 생각을 하는 경우를 말해요.

### 비슷한 말

**각자도생(各自圖生)**  각각의 사람이 스스로 살아갈 방법을 찾는다는 뜻이에요.

### 반대말

**동병상련(同病相憐)**  같은 병을 가진 사람끼리 서로 불쌍히 여긴다는 뜻으로, 어려운 처지의 사람들이 서로 돕는것을 말해요.

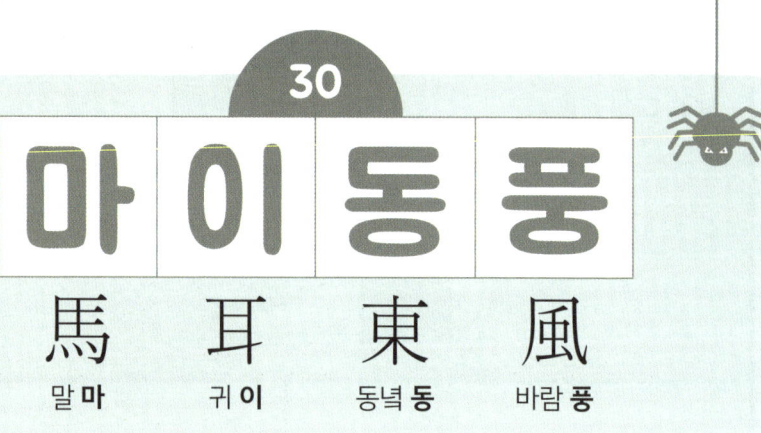

## 30 마이동풍

馬 耳 東 風
말 마 / 귀 이 / 동녘 동 / 바람 풍

 **무슨 뜻일까요?**

말의 귀에 스쳐 지나가는 동풍이라는 뜻으로, 남의 의견을 조금도 귀담아 듣지 않고 흘려버린다는 말이에요. 지혜롭고 겸손한 사람은 남의 의견을 무시하지 않고 잘 들어요.

 **비슷한 말**

우이독경(牛耳讀經)   소귀에 경 읽기라는 뜻으로, 어리석은 사람은 아무리 가르쳐 주어도 알아듣지 못한다는 말이에요.

# 31

## 막 상 막 하
### 莫 上 莫 下
없을 **막**    윗 **상**    없을 **막**    아래 **하**

### 무슨 뜻일까요?

위도 없고 아래도 없다는 뜻으로, 실력이 비슷해 누가 더 낫고 누가 더 못하는지 구분할 수 없는 상태를 가리켜요.

### 비슷한 말

**난형난제(難兄難弟)**   형이라 하기도 어렵고 아우라 하기도 어려울 만큼 우열을 가릴 수 없다는 뜻이에요.

**용호상박(龍虎相搏)**   용과 호랑이가 싸운다는 뜻으로, 강한 두 사람이 승부를 겨룬다는 말이에요.

# 맹모삼천

孟 母 三 遷
맏이 **맹** 어미 **모** 석 **삼** 옮길 **천**

### 무슨 뜻일까요?

맹자의 어머니가 아들을 올바로 교육하기 위해 3번 집을 옮겼다는 뜻이에요. 그만큼 교육에는 주변 환경이 중요하다는 말이겠죠.

### 비슷한 말

**맹모단기(孟母斷機)**   맹자 어머니가 베를 끊었다는 뜻으로, 하던 공부를 중간에 그만두면 쓸모없다는 뜻이에요.

| 명 | 실 | 상 | 부 |
|---|---|---|---|
| 名 | 實 | 相 | 符 |
| 이름 명 | 열매 실 | 서로 상 | 부합할 부 |

### 무슨 뜻일까요?

이름과 실제가 서로 맞아떨어진다는 뜻으로, 겉과 속이 정확하게 일치한다는 말이에요. 사람도 겉과 속이 똑같아야 믿음이 생기겠죠?

### 반대말

**유명무실(有名無實)** 이름은 있지만 실제는 없다는 뜻으로, 겉은 그럴 듯한데 속은 그렇지 않은 경우를 가리켜요.

## 34 문전성시

門 前 成 市
문 문 / 앞 전 / 이룰 성 / 저자 시

### 무슨 뜻일까요?

문 앞에 시장을 이룬다는 뜻으로, 찾아오는 사람들이 너무 많아 마치 시장이 선 것처럼 사람들이 북적거리는 상황을 말해요.

### 비슷한 말

**인산인해(人山人海)** 사람이 산과 바다를 이룰 만큼 많다는 뜻이에요.

# 박장대소
拍 掌 大 笑
칠 **박** 손바닥 **장** 클 **대** 웃을 **소**

## 무슨 뜻일까요?

손바닥으로 박수를 치면서 크게 웃는다는 뜻이에요. 이렇게 크게 웃을 일이 많으면 좋겠어요.

## 비슷한 말

**포복절도(抱腹絶倒)** 배를 안고 넘어질 만큼 몹시 웃는다는 뜻이에요.
**파안대소(破顔大笑)** 얼굴이 찢어질 정도로 크게 웃는다는 뜻이에요.

## 36 반포지효

反 哺 之 孝

돌이킬 **반**　먹일 **포**　어조사 **지**　효도 **효**

### 무슨 뜻일까요?

어미에게 먹이를 물어다가 먹이는 까마귀의 효성이라는 뜻으로, 자식이 자라서 부모의 은혜에 보답하는 지극한 효도를 가리켜요.

### 비슷한 말

풍수지탄(風樹之嘆)　바람 맞는 나무의 탄식이란 뜻으로, 효도를 다하지 못하고 부모를 여읜 슬픔을 비유하는 말이에요.

# 37

| 백 | 발 | 백 | 중 |
|---|---|---|---|
| 百 | 發 | 百 | 中 |
| 일백 **백** | 쏠 **발** | 일백 **백** | 맞을 **중** |

### 무슨 뜻일까요?

백 번 쏘아 백 번 모두 맞힌다는 뜻으로, 예상하던 일이나 계획한 것이 실패 없이 모두 잘 맞아떨어지는 것을 말해요.

### 비슷한 말

**백전백승(百戰百勝)** 백 번 싸워 백 번 모두 이긴다는 뜻이에요.

## 38. 부화뇌동 (附和雷同)

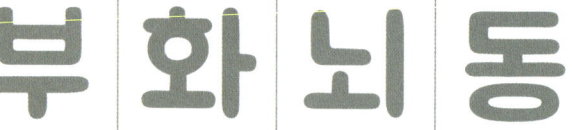

- 附 붙을 **부**
- 和 화할 **화**
- 雷 우레 **뇌**
- 同 같이할 **동**

###  무슨 뜻일까요?

우레 소리에 맞춰서 함께한다는 뜻으로, 자신의 주관이 없이 남이 하는 대로 무작정 따라하는 태도를 가리켜요.

###  비슷한 말

**여진여퇴(旅進旅退)** 함께 나아가고 함께 물러선다는 뜻으로, 줏대 없이 남의 의견에 따라 움직이는 태도를 말해요.

###  반대말

**화이부동(和而不同)** 남과 화목하게 지내지만 자기 소신을 잃지 않는다는 뜻이에요.

## 분골쇄신

粉 骨 碎 身

가루 **분**　뼈 **골**　부술 **쇄**　몸 **신**

### 무슨 뜻일까요?

뼈가 가루가 되고 몸이 부서진다는 뜻으로, 그만큼 어떤 일에 온 힘을 다해 노력을 아끼지 않는 것을 말해요.

### 비슷한 말

**견마지로(犬馬之勞)**　개나 말의 하찮은 힘이라는 뜻으로, 윗사람에게 최선을 다하는 노력을 낮추어 이르는 말이에요.

## 40. 사리사욕

| 사 | 리 | 사 | 욕 |
|---|---|---|---|
| 私 | 利 | 私 | 慾 |
| 사사로울 **사** | 이로울 **리** | 사사로울 **사** | 욕심 **욕** |

### 무슨 뜻일까요?

사사로운 이익과 욕심이라는 뜻으로, 다른 사람들은 생각하지 않고 자신의 이익만 우선시하는 이기적인 태도를 가리키는 말이에요.

### 비슷한 말

**아전인수(我田引水)** 내 논에만 물을 준다는 뜻으로, 자신의 이익만 생각하는 이기적인 태도를 말해요.

# 41

## 사면초가
### 四面楚歌
넉 **사** / 얼굴 **면** / 초나라 **초** / 노래 **가**

### 무슨 뜻일까요?

사방에서 들리는 초나라의 노래라는 뜻으로, 옛날 한나라가 초나라와 전쟁할 때 적군에 완전히 포위됐던 상황을 말해요. 누구의 도움도 받을 수 없는 상태를 가리켜요.

### 비슷한 말

**고립무원(孤立無援)** 홀로 외로이 서서 아무 도움도 받지 못한다는 뜻이에요.

**진퇴양난(進退兩難)** 나아갈 수도 없고 물러설 수도 없는 상태를 뜻해요.

# 사상누각

沙 上 樓 閣
모래 사 / 윗 상 / 다락 누 / 집 각

### 무슨 뜻일까요?

모래 위에 세운 누각이라는 뜻으로, 무엇이든 기초가 튼튼하지 못하면 곧 무너져 버리니 아무 소용이 없다는 말이에요.

### 비슷한 말

공중누각(空中樓閣)  공중에 세운 누각이라는 뜻으로, 아무 근거 없는 사물이나 생각을 말해요.

# 43

## 사생결단

死 生 決 斷
죽을 사 날 생 결단할 결 끊을 단

### 무슨 뜻일까요?

죽고 사는 것을 가리지 않고 끝장을 내려고 한다는 뜻으로, 목숨을 걸고 결정을 내리거나 대항하는 자세를 말해요.

### 반대말

우유부단(優柔不斷) 너무 부드러워 맺고 끊지 못한다는 뜻으로, 결정을 잘 내리지 못하는 모습을 가리켜요.

# 44 사필귀정

事 必 歸 正
일 사 　 반드시 필 　 돌아갈 귀 　 바를 정

 **무슨 뜻일까요?**

모든 일은 반드시 이치대로 돌아간다는 뜻이에요. 어떤 일이 잘못된 것처럼 보여도 결국에는 올바른 모습으로 돌아간다는 세상의 이치를 깨닫게 해 주는 말이에요.

 **비슷한 말**

**인과응보(因果應報)** 　 원인이 있으면 반드시 그에 대한 결과가 있다는 뜻이에요.

**권선징악(勸善懲惡)** 　 착한 일은 권장하고 악한 일은 나무란다는 뜻이에요.

**자업자득(自業自得)** 　 자기가 저지른 일에 대한 벌을 자기가 받는다는 뜻이에요.

## 45

# 살 신 성 인
## 殺 身 成 仁
죽일 **살**　　몸 **신**　　이룰 **성**　　어질 **인**

 **무슨 뜻일까요?**

자신을 죽여 어진 일을 이룬다는 뜻으로, 옳은 일을 위해 온몸을 바쳐 자기를 희생하는 숭고한 행동을 가리켜요.

 **비슷한 말**

**대의멸친(大義滅親)** 큰 뜻을 위해서 가까운 부모 형제와의 사사로운 정도 포기한다는 뜻이에요.

# 46 삼고초려

三 顧 草 廬
석 삼 / 돌아볼 고 / 풀 초 / 오두막집 려

### 무슨 뜻일까요?

초가집을 3번 돌아본다는 말로, 인재를 얻기 위해 노력하는 것을 말해요. 삼국지에서 유비가 제갈량이라는 인재를 얻기 위해 3번이나 찾아갔다는 데서 나온 표현이에요.

### 비슷한 말

**백락상마(伯樂相馬)** 백락이라는 사람이 말을 잘 고른다는 뜻으로, 인재를 알아보는 뛰어난 안목을 가리켜요.

## 47 상전벽해

桑 뽕나무 상   田 밭 전   碧 푸를 벽   海 바다 해

### 무슨 뜻일까요?

뽕나무밭이 푸른 바다가 되었다는 뜻으로, 세상이 몰라볼 정도로 엄청나게 변한 것을 비유한 말이에요.

### 비슷한 말

격세지감(隔世之感)  세상이 아주 많이 바뀐 것 같은 느낌을 뜻해요.

### 반대말

만세불변(萬世不變)  영원히 변하지 않는다는 뜻이에요.

## 48 새옹지마

塞 翁 之 馬
변방 새　늙은이 옹　어조사 지　말 마

 **무슨 뜻일까요?**

변방 노인의 말(馬)이라는 뜻이에요. 중국 변방에 살던 한 노인의 말 때문에 좋은 일과 나쁜 일이 계속 번갈아 일어나 인생의 변화를 예측할 수 없다는 말이에요.

 **비슷한 말**

전화위복(轉禍爲福)　재앙이 바뀌어 오히려 복이 된다는 뜻이에요.
호사다마(好事多魔)　좋은 일에는 탈이 많다는 뜻이에요.

## 49

# 선 견 지 명
# 先 見 之 明
먼저 **선**    볼 **견**    어조사 **지**    밝을 **명**

### 무슨 뜻일까요?

앞을 내다보는 밝은 눈이라는 뜻으로, 다른 사람보다 앞서 미래에 일어날 일을 예측하고 대처하는 지혜를 가리켜요.

### 비슷한 말

**독견지명(獨見之明)**    남이 보지 못하는 것을 깨닫는 지혜를 뜻해요.

# 50 설상가상

雪 上 加 霜
눈 설 · 윗 상 · 더할 가 · 서리 상

### 무슨 뜻일까요?

눈 위에 서리가 덮인다는 뜻으로, 안 좋은 일이 계속해서 일어나는 것을 말해요. '엎친 데 덮친 격'이라고 표현하기도 해요.

### 비슷한 말

**첩첩산중(疊疊山中)** 산 넘어 산이라는 뜻으로, 어려움에 어려움이 더한다는 말이에요.

### 반대말

**금상첨화(錦上添花)** 비단 위에 꽃을 더한다는 뜻으로, 좋은 일에 좋은 일이 더해진다는 말이에요.

## 소탐대실

小 貪 大 失
작을 소  탐낼 탐  클 대  잃을 실

### 무슨 뜻일까요?

작은 것을 탐하다가 큰 것을 잃는다는 뜻으로, 눈앞의 작은 욕심을 채우려다가 결국에는 큰 뜻을 이루지 못하는 어리석음을 가리켜요.

### 비슷한 말

교각살우(矯角殺牛)  소의 뿔을 바로잡으려다가 소를 죽인다는 뜻으로, 잘못을 고치려다가 오히려 일을 그르치는 것을 말해요.

과유불급(過猶不及)  지나친 것이 오히려 모자란 것보다 못하다는 뜻으로, 욕심이 지나치면 화가 된다는 말이에요.

## 52 속수무책

束 手 無 策
묶을 **속**  손 **수**  없을 **무**  계책 **책**

 **무슨 뜻일까요?**

손이 묶여 어떤 계책도 세울 수 없다는 뜻으로, 아무런 방안도 내놓을 수 없어 이러지도 저러지도 못하는 답답한 상황을 가리켜요.

 **비슷한 말**

진퇴양난(進退兩難) 나아갈 수도 없고 물러설 수도 없는 상태를 뜻해요.

**수수방관**
袖 手 傍 觀
소매 수  손 수  곁 방  볼 관

### 무슨 뜻일까요?

소매에 손을 넣고 곁에서 지켜보기만 한다는 뜻으로, 어떤 일에 간섭하지 않고 그대로 내버려 둔다는 말이에요.

### 비슷한 말

**오불관언(吾不關焉)** 나는 관여하지 않는다는 뜻으로, 어떤 일에 모른 체 하는 것을 말해요.

## 54 순망치한

脣 亡 齒 寒
입술 순 　 잃을 망 　 이 치 　 찰 한

### 무슨 뜻일까요?

입술이 없으면 이가 시리다는 뜻으로, 서로 떨어질 수 없는 밀접한 관계를 비유하는 말이에요.

### 비슷한 말

**고장난명(孤掌難鳴)** 손바닥 하나로 소리 낼 수 없다는 뜻으로, 혼자서는 일을 이루기 힘들다는 말이에요.

**독불장군(獨不將軍)** 홀로 장군을 할 수 없다는 뜻으로, 무슨 일이든 자기 마음대로 하는 사람을 가리켜요.

## 55

# 시 기 상 조
## 時 機 尚 早
때 시 　 틀 기 　 오히려 상 　 이를 조

### 무슨 뜻일까요?

시기가 아직 이르다는 뜻으로, 어떤 일을 이루기에 적당한 때나 기회가 아직 오지 않았으니 조금 더 기다려야 한다는 말이에요.

### 비슷한 말

**시의적절(時宜適切)** 시기가 아주 적절하다는 뜻이에요.

## 56 심사숙고

深 思 熟 考

깊을 **심**   생각 **사**   익을 **숙**   생각할 **고**

### 무슨 뜻일까요?

깊이 생각하고 또 생각한다는 뜻으로, 어떤 일에 대해 오랜 시간을 두고 신중하게 생각하는 것을 가리켜요.

### 반대말

**경거망동(輕擧妄動)**   깊이 생각하지 않고 경솔하게 행동하는 것을 뜻해요.

# 57

## 십시일반

十 匙 一 飯
열 **십**　숟가락 **시**　한 **일**　밥 **반**

### 무슨 뜻일까요?

10명이 한 숟가락씩 모으면 밥 한 그릇이 나온다는 뜻으로, 여러 사람이 조금씩 힘을 보태면 누군가에게 큰 도움이 된다는 말이에요. 주변에 힘을 합쳐 도울 사람이 없는지 잘 살펴봐요.

### 비슷한 말

**상부상조(相扶相助)**　서로서로 의지하고 돕는다는 뜻이에요.
**환난상휼(患難相恤)**　어려운 일을 당했을 때 서로 돕는다는 뜻이에요.
**동고동락(同苦同樂)**　함께 괴로워하고 함께 즐거워한다는 뜻이에요.

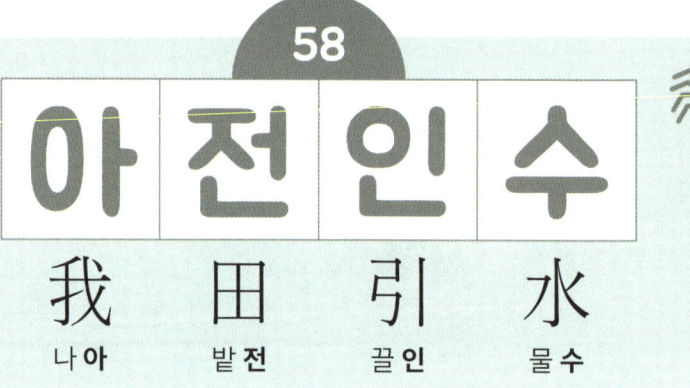

## 58 아전인수 (我田引水)

나 아 / 밭 전 / 끌 인 / 물 수

### 무슨 뜻일까요?

자기 논에만 물을 끌어온다는 뜻으로, 이기적으로 행동하는 모습을 말해요. 자기한테만 이롭게 되도록 생각하거나 행동하는 모습을 가리키지요.

### 비슷한 말

견강부회(牽强附會)  이치에 맞지 않는 말을 억지로 끌어 붙여 자기에게 유리하게 하는 것을 뜻해요.

## 59

# 안 하 무 인
### 眼 下 無 人
눈 **안**　　아래 **하**　　없을 **무**　　사람 **인**

### 무슨 뜻일까요?

눈 아래 사람이 없다는 뜻으로, 다른 사람을 무시하는 것을 말해요. 이런 사람 주변에는 아무도 남아 있지 않겠죠?

### 비슷한 말

**방약무인(傍若無人)**　곁에 사람이 없는 것처럼 제멋대로 행동하는 것을 뜻해요.

**오만방자(敖慢放恣)**　다른 사람을 업신여기고 교만하게 행동하는 것을 뜻해요.

## 60 어부지리

漁 父 之 利
고기 잡을 **어**　아버지 **부**　어조사 **지**　이로울 **리**

 **무슨 뜻일까요?**

어부의 이득이라는 뜻이에요. 옛날 도요새가 조갯살을 쪼아 먹으려 하자 조개는 도요새의 부리를 꽉 물고 놓지 않았어요. 우연히 지나던 어부가 싸우고 있던 조개와 도요새를 모두 잡았지요. 이처럼 둘이 싸우는 사이에 엉뚱한 사람이 이득을 보는 상황을 가리켜요.

 **비슷한 말**

견토지쟁(犬兔之爭) 개와 토끼의 싸움이라는 뜻으로, 두 사람의 싸움에 다른 사람이 이익을 본다는 뜻이에요.

# 61

| 言 | 中 | 有 | 骨 |
|---|---|---|---|
| 말씀 언 | 가운데 중 | 있을 유 | 뼈 골 |

## 무슨 뜻일까요?

말 속에 뼈가 있다는 뜻으로, 말 속에 중요하고 핵심적인 뜻이 담겨 있는 경우를 가리켜요. 상대방의 잘못을 직접 지적하지 않고 간접적으로 돌려서 표현하는 방식이라 할 수 있어요.

## 비슷한 말

**언중유언(言中有言)**  말 속에 말이 있다는 뜻으로, 말 속에 깊은 뜻이 담겨 있다는 의미예요.

## 62 역지사지

易 地 思 之
바꿀 역  땅 지  생각할 사  어조사 지

### 무슨 뜻일까요?

상대방의 입장에서 생각한다는 뜻으로, 나의 입장이나 주장만 고집하는 것이 아니라 다른 사람의 감정이나 생각을 헤아리는 태도를 가리켜요. 이러한 태도를 가지면 상대방을 좀 더 이해하고 배려할 수 있을 거예요.

### 반대말

**아전인수(我田引水)** 내 논에 물대기라는 뜻으로, 자기만 생각하는 이기적인 태도를 가리켜요.

**사리사욕(私利私慾)** 다른 사람은 생각하지 않는 욕심과 사사로운 이익을 뜻해요.

# 63

## 오리무중

五 里 霧 中
다섯 오 　마을 리 　안개 무 　가운데 중

### 무슨 뜻일까요?

5리나 되는 안개 속에 있다는 뜻이에요. 1리는 약 400미터니까 5리면 2킬로미터 정도 되니 안개가 낀다면 아무것도 보이지 않겠죠? 짙은 안개 속에서 방향을 찾지 못하듯, 어떤 일에 대해 아무것도 알 수 없는 상황을 비유한 말이에요.

### 반대말

**명명백백(明明白白)** 밝고도 밝고 희고도 흴 정도로 매우 분명하게 드러난다는 뜻으로, 의심할 필요 없이 아주 뚜렷하다는 말이에요.

**명약관화(明若觀火)** 불을 보는 것처럼 밝게 보인다는 뜻으로, 의심할 여지 없이 분명하다는 말이에요.

## 64 오매불망

寤 寐 不 忘

(잠)깰 **오**　　잘 **매**　　아닐 **불**　　잊을 **망**

 ### 무슨 뜻일까요?

자나 깨나 잊지 않는다는 뜻으로, 무언가를 간절히 기다리거나 누군가를 그리워하는 모습을 가리켜요. 여러분도 밤에 잠이 안 올 정도로 무언가를 간절히 기다려 본 적 있나요?

 ### 비슷한 말

학수고대(鶴首苦待)　학처럼 목을 길게 빼고 몹시 기다린다는 뜻이에요.

# 65

## 온고지신

溫 故 知 新
익힐 **온**　옛 **고**　알 **지**　새 **신**

### 무슨 뜻일까요?

옛것을 익혀서 새 것을 안다는 뜻으로, 지나간 과거와 전통을 제대로 이해하고 있어야 그것을 바탕으로 새로운 지식을 배울 수 있다는 말이에요.

### 비슷한 말

**법고창신(法古創新)**　옛것을 본받아 새로운 것을 창조한다는 말이에요.

## 66 외유내강

外 柔 內 剛
바깥 외 / 부드러울 유 / 안 내 / 굳셀 강

### 무슨 뜻일까요?

겉으로는 부드럽지만 속은 굳세다는 뜻으로, 겉으로는 유약하고 순한 것처럼 보이나, 실제로 속마음은 단단하고 강한 사람을 표현하는 말이에요.

### 반대말

**내유외강(內柔外剛)** 속은 부드럽지만 겉으로는 강하고 굳세다는 뜻이에요.

## 용두사미

龍 頭 蛇 尾
용**용** 머리**두** 뱀**사** 꼬리**미**

### 무슨 뜻일까요?

용의 머리와 뱀의 꼬리라는 뜻으로, 시작은 좋지만 끝이 흐지부지한 경우를 가리켜요. 처음에 계획은 잘 세웠지만 끝까지 지키지 못할 때 이런 표현을 써요.

### 비슷한 말

유두무미(有頭無尾) 머리는 있어도 꼬리는 없다는 뜻으로, 시작한 일을 끝내지 못한 경우를 말해요.

## 68 우공이산

愚 公 移 山
어리석을 우  공평할 공  옮길 이  뫼 산

### 무슨 뜻일까요?

어리석은 사람이 산을 옮긴다는 뜻으로, 어리석어 보이지만 1가지 일을 꾸준히 해 나가면 마침내 목표를 이룬다는 말이에요. 여러분도 어떤 목표를 위해 꾸준하게 하는 일이 있나요?

### 비슷한 말

우보만리(牛步萬里)  우직한 소가 천천히 걸어서 만 리를 간다는 뜻으로, 시간이 걸리더라도 꾸준히 노력하면 목표를 이룰 수 있다는 말이에요.

# 69

## 우유부단
## 優柔不斷
넉넉할 **우**　부드러울 **유**　아닐 **부**　끊을 **단**

### 무슨 뜻일까요?

너무 부드러워 맺고 끊지 못한다는 뜻으로, 딱 부러지게 결정을 내리지 못하는 모습을 가리켜요.

### 비슷한 말

**좌고우면(左顧右眄)**　좌우를 돌아본다는 뜻으로, 눈치를 살피느라 결정을 내리지 못하는 사람을 가리켜요.

## 70

| 유 | 비 | 무 | 환 |
|---|---|---|---|
| 有 | 備 | 無 | 患 |
| 있을 유 | 갖출 비 | 없을 무 | 근심 환 |

### 무슨 뜻일까요?

준비를 하면 근심이 없다는 뜻으로, 평소에 미리 준비를 철저하게 한다면 걱정할 일도 없고 나쁜 일을 당하지도 않는다는 말이에요.

### 비슷한 말

**거안사위(居安思危)** 편안할 때에도 닥칠지 모르는 위기를 생각하며 준비한다는 뜻이에요.

| 이 | 심 | 전 | 심 |
|---|---|---|---|
| 以 | 心 | 傳 | 心 |
| 써 **이** | 마음 **심** | 전할 **전** | 마음 **심** |

### 무슨 뜻일까요?

마음에서 마음으로 전한다는 뜻으로, 말을 하지 않아도 마음이 서로 통할 때 쓰는 말이에요. 여러분도 마음이 잘 통하는 친구가 있나요?

### 비슷한 말

**일심동체(一心同體)**  한 마음과 한 몸이라는 뜻으로, 친밀하고 굳건한 관계를 가리켜요.

### 반대말

**동상이몽(同床異夢)**  겉으로는 같은 생각을 하는 것처럼 보이지만, 속으로는 다른 생각을 하는 것을 뜻해요.

## 72 인과응보

因 果 應 報
인할 인  결과 과  응할 응  갚을 보

 **무슨 뜻일까요?**

좋은 일에는 좋은 결과가 따르고 나쁜 일에는 나쁜 결과가 따른다는 뜻으로, 자신이 벌인 일은 마땅한 대가를 받게 된다는 말이에요.

 **비슷한 말**

사필귀정(事必歸正) 모든 일은 반드시 옳은 이치대로 돌아간다는 뜻이에요.

# 73

## 일거양득

一 擧 兩 得
한 일　들 거　두 양　얻을 득

 **무슨 뜻일까요?**

1번 들어서 둘을 얻는다는 뜻으로, 1가지 일을 했는데 2가지 이익을 얻는 경우에 쓰는 말이에요.

 **비슷한 말**

일석이조(一石二鳥)　돌 하나로 2마리 새를 잡는다는 뜻으로, 동시에 2가지 이득을 본다는 뜻이에요.

## 74 임기응변

臨 機 應 變
임할 **임**  때 **기**  응할 **응**  변할 **변**

### 무슨 뜻일까요?

때에 따라 변화에 대응한다는 뜻으로, 그때그때 상황이 변해도 그에 맞추어 일을 잘 처리하는 것을 말해요.

### 반대말

**고집불통(固執不通)**  고집이 세고 융통성 없이 자기주장만 내세우는 사람이나 경우를 뜻해요.

## 75. 임전무퇴 (臨戰無退)

임할 **임** / 싸울 **전** / 없을 **무** / 물러날 **퇴**

### 무슨 뜻일까요?

싸움에 임할 때 물러나지 않는다는 뜻으로, 신라 화랑도의 세속오계 중 하나였어요. 적과 싸울 때 도망갈 생각만 한다면 싸움에서 이길 수 없겠죠?

### 비슷한 말

배수지진(背水之陣)  물을 등지고 진을 친다는 뜻으로, 목숨을 걸고 싸움에 임한다는 말이에요.

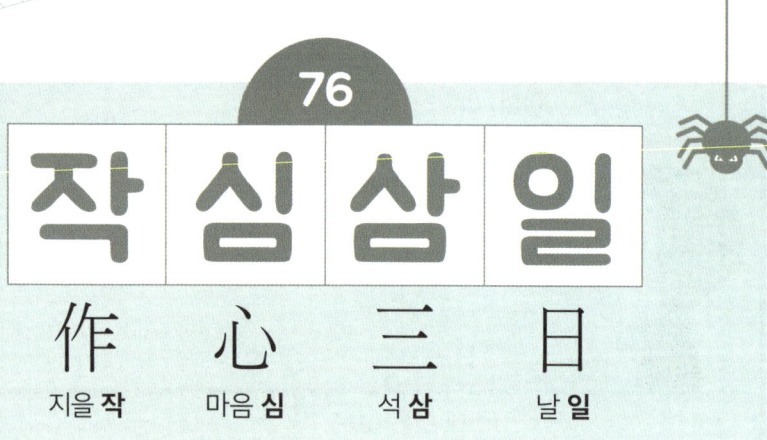

## 76 작심삼일

作 지을 **작**　心 마음 **심**　三 석 **삼**　日 날 **일**

### 무슨 뜻일까요?

단단히 먹은 마음이 3일을 넘기지 못한다는 뜻으로, 결심이 굳지 못함을 가리키는 말이에요. 여러분은 한번 세운 계획을 끝까지 실천하나요?

### 비슷한 말

용두사미(龍頭蛇尾) 용의 머리와 뱀의 꼬리라는 뜻으로, 시작은 좋은데 끝이 좋지 않다는 말이에요.

### 반대말

시종일관(始終一貫) 처음부터 끝까지 변함이 없다는 뜻이에요.

# 77

## 적 반 하 장
### 賊 反 荷 杖
도둑 **적**  되돌릴 **반**  멜 **하**  몽둥이 **장**

### 무슨 뜻일까요?

도둑이 오히려 몽둥이를 든다는 뜻으로, 잘못을 저지른 사람이 도리어 잘못이 없는 사람을 나무라는 경우를 가리켜요. 뻔뻔하고 부끄러운 줄 모르는 사람에게 사용하는 표현이에요.

### 비슷한 말

**주객전도(主客顚倒)** 주인과 손님이 바뀌었다는 뜻으로, 일의 중요도에 따른 앞뒤 차례가 뒤바뀐 것을 말해요.

**후안무치(厚顔無恥)** 얼굴이 두꺼워 부끄러움을 모른다는 뜻이에요.

## 78 전화위복

轉 禍 爲 福
바꿀 전 / 재앙 화 / 할 위 / 복 복

### 무슨 뜻일까요?

재앙이 바뀌어 오히려 복이 된다는 뜻으로, 나쁜 일이 나중에는 좋은 일이 될 수도 있다는 말이에요. 좋지 않은 일이 생겼다고 좌절하지 말고 그 상황에서 최선을 다하면 좋은 결과가 생길 수도 있어요.

### 비슷한 말

새옹지마(塞翁之馬)  새옹의 말(馬)이라는 뜻으로, 복이 화가 되기도 하고 화가 복이 될 수도 있다는 의미예요.

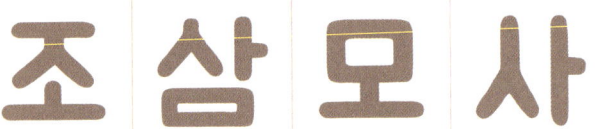

# 조삼모사

朝 三 暮 四
아침 조　석 삼　저물 모　넉 사

## 무슨 뜻일까요?

아침에는 3개, 저녁에는 4개라는 뜻이에요. 옛날 어떤 사람이 원숭이에게 도토리를 아침에 3개, 저녁에 4개를 주자 적다고 아우성이더니, 아침에 3개, 저녁에 4개를 주겠다고 하자 좋아했다는 데서 나온 표현이에요. 간사한 꾀로 남을 속이는 모습을 이르는 말이에요.

## 비슷한 말

**지록위마(指鹿爲馬)** 사슴을 가리켜 말(馬)이라 한다는 뜻으로, 윗사람을 속이고 함부로 대하는 것을 가리켜요.

# 80 주객전도

主 客 顚 倒
주인 주 / 손 객 / 넘어질 전 / 거꾸로 될 도

### 무슨 뜻일까요?

주인과 손님이 서로 입장이 뒤바뀐다는 뜻으로, 중요한 것과 중요하지 않은 것, 급한 일과 급하지 않은 일이 뒤바뀌거나 순서나 차례가 바뀐 경우에 쓰는 표현이에요.

### 비슷한 말

본말전도(本末顚倒)  중요한 것과 중요하지 않은 것이 뒤바뀐다는 뜻이에요.

적반하장(賊反荷杖)  도둑이 몽둥이를 든다는 뜻으로, 잘못을 저지른 사람이 도리어 잘못이 없는 사람을 나무라는 경우를 가리켜요.

# 죽마고우

竹 馬 故 友
대나무 죽　말 마　옛 고　벗 우

### 무슨 뜻일까요?

대나무 말을 타고 같이 놀던 옛 친구라는 뜻이에요. 옛날에는 아이들이 대나무로 말을 만들어 타고 놀았는데, 이렇게 어린 시절 함께 놀던 친한 친구를 가리키는 표현이에요. 여러분의 죽마고우는 누구인가요?

### 비슷한 말

막역지우(莫逆之友)　서로 거스르지 않는 허물없이 지내는 친구를 뜻해요.
수어지교(水魚之交)　물과 물고기처럼 가까운 친구 사이를 뜻해요.

### 반대말

견원지간(犬猿之間)　개와 원숭이처럼 좋지 않은 사이를 뜻해요.

## 82 지피지기 (知彼知己)

- 知 알 지
- 彼 저 피
- 知 알 지
- 己 자기 기

### 무슨 뜻일까요?

적을 알고 나를 알아야 한다는 뜻으로, 중국 고대의 병법서인 손자병법에 나오는 표현이에요. 적과 싸울 때 적군과 아군의 상황을 잘 알아야 알맞은 전략을 세워 승리할 수 있다는 말이에요.

### 비슷한 말

**경적필패(輕敵必敗)** 적을 가볍게 보면 반드시 싸움에서 진다는 뜻이에요.

## 천고마비

天 高 馬 肥
하늘 천   높을 고   말 마   살찔 비

### 무슨 뜻일까요?

하늘은 높고 말은 살찐다는 뜻으로, 가을은 날씨가 좋아 활동하기 좋고 곡식과 과일이 무르익어 풍요로운 계절이라는 말이에요.

### 비슷한 말

등화가친(燈火可親)   등불을 켜고 책을 읽기 좋은 계절이라는 뜻이에요.

## 84 타산지석

他 山 之 石
다를 타 / 뫼 산 / 어조사 지 / 돌 석

 ### 무슨 뜻일까요?

다른 산의 돌이라는 뜻으로, 다른 산에 있는 보잘것없는 돌도 나의 옥을 가는 데 도움이 된다는 말이에요. 다른 사람의 잘못된 말과 행동도 교훈이 될 수도 있다는 말이에요.

 ### 비슷한 말

**반면교사(反面教師)** 잘못된 가르침을 주는 스승이란 뜻으로, 남의 잘못을 거울삼아 교훈을 얻는다는 말이에요.

## 85. 토사구팽

兎 死 狗 烹
토끼 **토**   죽을 **사**   개 **구**   삶을 **팽**

### 무슨 뜻일까요?

토끼가 죽으면 개를 삶아 먹는다는 뜻으로, 토끼 사냥이 끝나면 사냥개가 쓸모없어져 잡아먹는다는 말이에요. 필요할 때는 잘 사용하다가 필요 없어지면 헌신짝처럼 내버리는 경우에 쓰는 표현이에요.

### 비슷한 말

**감탄고토(甘呑苦吐)**   달면 삼키고 쓰면 뱉는다는 뜻으로, 나에게 맞으면 좋아하고 그렇지 않으면 싫어한다는 말이에요.

## 86 파죽지세

破 竹 之 勢
깨뜨릴 파 / 대나무 죽 / 어조사 지 / 기세 세

### 무슨 뜻일까요?

대나무를 쪼개는 기세라는 뜻이에요. 대나무는 곧고 단단해 쪼개기가 쉽지 않아요. 하지만 칼로 힘주어 한번 쪼개고 나면 결을 따라 쭉 갈라져요. 파죽지세는 대나무가 단번에 끝까지 쪼개지듯한 맹렬한 기세를 의미해요.

### 비슷한 말

일사천리(一瀉千里) 한번 쏟아진 물이 천 리를 간다는 뜻으로, 일이 거침없이 빠르게 진행될 때 쓰는 표현이에요.

## 87 풍전등화

風 前 燈 火
바람 풍 / 앞 전 / 등 등 / 불 화

### 무슨 뜻일까요?

바람 앞의 등불이라는 뜻이에요. 바람이 세차게 불어 등불이 깜빡거리며 언제 꺼질지 모르는 모습처럼, 매우 위험하고 급박한 상황을 가리킬 때 쓰는 말이에요.

### 비슷한 말

**일촉즉발(一觸卽發)** 한번 닿으면 터진다는 뜻으로, 아주 위급한 상황을 말해요.

**위기일발(危機一髮)** 머리털 하나로 물건을 들어 올리는 것처럼 위험한 상황을 뜻해요.

### 반대말

**평온무사(平穩無事)** 조용하고 평안하여 아무 일도 없다는 뜻이에요.

## 88 함흥차사

咸 興 差 使
다 **함** 일어날 **흥** 보낼 **차** 사신 **사**

 **무슨 뜻일까요?**

함흥에 보낸 사신이라는 뜻이에요. 조선 시대에 이방원이 함흥에 있던 아버지 태조 이성계를 모시고 오도록 여러 차례 차사를 보냈지만 아무도 돌아오지 않았어요. 가는 차사마다 죽임을 당했기 때문이에요. 이처럼 심부름을 보낸 사람이 아무 소식이 없는 상황을 가리키는 말이에요.

 **비슷한 말**

종무소식(終無消息) 끝내 아무 소식이 없다는 뜻이에요.

# 형설지공

螢 雪 之 功

반딧불이 **형**   눈 **설**   어조사 **지**   공 **공**

### 무슨 뜻일까요?

반딧불과 눈빛으로 이룬 공을 뜻해요. 가난한 사람이 밤에 등불을 켤 기름이 없어 반딧불과 겨울 눈에 반사된 빛으로 글을 읽으며, 힘든 상황 속에서 공부하는 것을 말해요.

### 비슷한 말

**주경야독(晝耕夜讀)** 낮에는 농사짓고 밤에는 공부한다는 뜻으로, 어려운 환경에서도 열심히 공부하는 모습을 이르는 말이에요.

## 90 화룡점정

畫 龍 點 睛
그림 화 / 용 룡 / 점 점 / 눈동자 정

### 무슨 뜻일까요?

용을 그리고 마지막에 눈동자를 찍는다는 뜻이에요. 옛날 장승요라는 사람이 용을 그리고 눈을 그려 넣지 않았어요. 눈을 그리면 용이 하늘로 날아가 버렸기 때문이에요. 그 후 화룡점정은 가장 핵심이 되는 부분을 마무리하여 일을 완벽하게 마칠 때 쓰이는 표현이 되었어요.

### 비슷한 말

유종지미(有終之美)  일의 끝을 잘 맺는 아름다움을 뜻해요.

### 반대말

용두사미(龍頭蛇尾)  용의 머리와 뱀의 꼬리라는 뜻으로, 시작은 좋은데 끝이 좋지 않다는 말이에요.

# 저자 소개

## 글 박일귀

중앙대학교에서 역사학과 철학을 공부하고, 서강대학교 대학원에서 역사를 전공해 석사 학위를 받았어요. 출판사 편집부에서 10년 넘게 일했고, 지금은 작가, 번역가, 편집자로 활동하고 있어요. 어린이와 청소년에게 어렵고 지루할 수 있는 교양 지식을 쉽고 재미나게 이야기하는 일을 좋아해요. 지은 책으로는 『알고 쓰면 재미있는 어린이 사자성어』, 『1일 1페이지 365 한국사』(근간) 등이 있고, 옮긴 책으로는 『DK 타임라인으로 보는 거의 모든 것의 역사』, 『DK 나의 첫 지도책』, 『청소년을 위한 친절한 세계사』, 『청소년을 위한 친절한 서양미술사』, 『청소년을 위한 북유럽 신화』, 『그리스 신화밖에 모르는 당신에게』, 『처음 읽는 여성 철학사』 등 30여 종이 있어요.

## 그림 김현후

산업디자인을 전공 중이며 어린이와 동심을 사랑해요. 3D 모델링으로 실감 나는 입체 표현과 질감 표현을 강조하는 일러스트를 그리고 있어요.

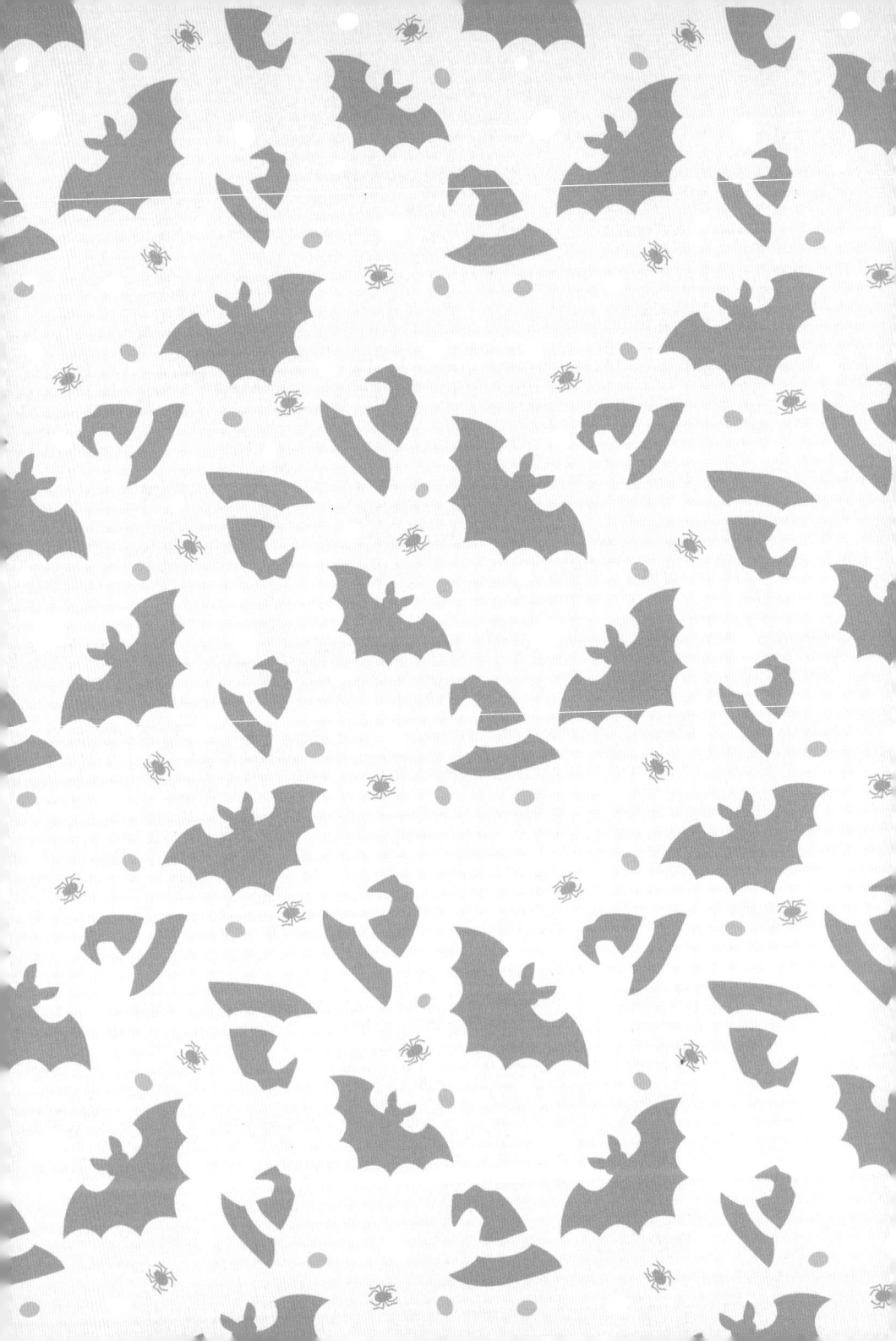